MUSEO DE ARTE DE PUERTO RICO

La gran sorpresa del Museo

Ilustrado por Walter Torres
Texto de María del Rocío Costa

EDICIONES
NORTE, INC.

MUSEO DE ARTE
DE PUERTO RICO

En el jamás de los jamases, Margarita
y Javier podrían haber imaginado lo que
descubrirían la primera vez que visitaron el
Museo de Arte de Puerto Rico.

—¡Bienvenidos! —les saludó una de las
anfitrionas del Museo.

—¡Buenos días! —contestaron los niños
con entusiasmo.

3

Desde el comienzo, la visita se convirtió en una expedición al mundo de la creatividad y la imaginación.

—¡Mira, Javier, a las niñas de la pintura parece que les gusta la música! —exclamó Margarita.

—Lo dices por la maraca… ¿verdad? —contestó Javier.

—Observa los detalles de sus trajes, ¿cómo los habrá hecho el pintor? —añadió Margarita.

—Con su permiso, ¿podrían ayudarnos? —les dijo una de las niñas vestidas de seda.

—Mientras posábamos para el retrato, se nos cayó la piña y al tratar de recogerla, nos hemos salido del cuadro. Ahora no sabemos cómo regresar — explicó la otra niña.

La piña se encontraba al pie de un pedestal. Sobre éste se exhibía una talla de madera.

—Javier, ¿no te gustaría conocer a los Reyes Magos?

7

Como por encantamiento,
los Reyes Magos de la talla se
encontraban recogiendo los deseos
de los niños del Museo. Cada uno era
colocado cuidadosamente dentro de
una caja dorada.

—¿Qué sueños depositarían
ustedes en este cofre de anhelos?
—les preguntó Melchor.

Los niños no tuvieron que responder porque los Reyes intuyeron sus respuestas.

—¡Sean persistentes, con el tiempo sus deseos se realizarán! —les dijo Gaspar...

9

Las palabras de los Reyes Magos los dejaron intrigados…

A pesar de su incertidumbre, el ambiente que los rodeaba les atraía sobremanera. Las riquezas de las imágenes, las formas y los colores los motivaban a continuar descubriendo las obras del Museo.

Tin, marín de los tingüé... El óleo era tan
realista que unas voces parecían salirse de él.
—¿No les gustaría pintar así? —preguntó
una de las niñas.

11

—Maestro, háganos un cuento…
—pidieron los niños.

—¿Cuál quieren escuchar, "El cuento del gallo pelón"? —respondió el Maestro Rafael.

Los niños se rieron. A ellos les gustaba esa historia de nunca acabar.

—Ya mismito se los hago… —entonces, dirigiéndose a Margarita y Javier, les preguntó:

—¿Les gustaría visitar LA GRAN
SORPRESA DEL MUSEO? —y añadió,
—Si siguen por ese pasillo…

Margarita y Javier apenas pudieron
escucharlo. Un sonido que provenía
desde lejos se los impidió. Unas líneas
danzarinas parecían producirlo.

A su alrededor, notas musicales bailaban y saltaban por el pentagrama. Y, en medio de esa algarabía, Margarita le preguntó a Javier:

—¿Será este el camino a LA GRAN SORPRESA?

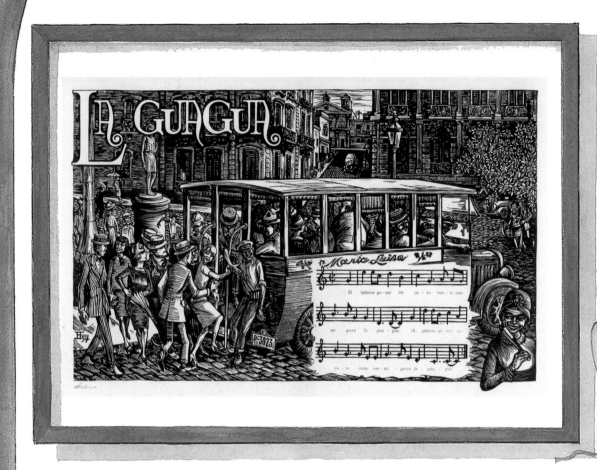

Javier no contestó. Se había distraído contemplando una obra.

—Esta guagua me recuerda los cuentos que hace la abuela. Margarita, aquí dice que ésto es un grabado, ¿cómo lo habrá creado el artista? —inquirió.

La guagua se movía al ritmo de una plena. Entre los pasajeros viajaban los integrantes de un conjunto musical. Una mujer tocaba el pandero y otra la sinfonía, un hombre rascaba el güiro y otro punteaba el cuatro.

—Señor, ¿hacia dónde se dirige esta guagua? —preguntó Javier.

—Hacia donde ustedes gusten… —contestó el chofer, amablemente.

—¿Qué tal si pasa cerca del Palacio de Santa Catalina? ¡Estas niñas necesitan regresar a su casa! —sugirió Margarita.

Luego de despedirse de las niñas, quienes por fin se encaminaban a su hogar, Javier volvió a recordar:

—¡Hay que buscar LA GRAN SORPRESA!

—¡Sí, sí! —contestó Margarita. — ¿Qué ves en este otro cuadro?

A los niños las obras los tenían cautivados.

—¡Miren, unos visitantes
entraron al lienzo! —dijo Amarillo,
llamando a los demás colores.

—¡Ahhh! ¿Se van a quedar un rato? ¡Aquí la pasamos muy bien! —dijeron los coloridos protagonistas de una pintura abstracta, mientras se transformaban ante la mirada de Margarita y Javier.

—¿Javier, crees que podamos seguir jugando con formas y colores cuando encontremos LA GRAN SORPRESA DEL MUSEO? —preguntó Margarita.

—¡El cielo está encancaranublado! ¿Quién
lo encancaranublaría? Yo creo que esto fue
un sueño del pintor… —pensó Javier en voz
alta, y añadió —Quizás podamos encontrar LA
GRAN SORPRESA subiendo por esa escalera…

—Y ustedes, chicos, pericos de pico-pico-tejo de pomporerá, ¿a dónde se dirigen en esta soleada y matutina mañana? —les preguntó Miranda, el hada lavanda.

—Sí... sí... sí... ustedes buscan... ¡LA GRAN SORPRESA DEL MUSEO! ¡No sé por qué les pregunto! ¡Despreocúpense, están de suerte suertuda! ¡En este globocóptero los llevaremos a sus inmediaciones! —concluyó Miranda, sin esperar por una contestación

Y así fue como los protagonistas
de esta historia llegaron hacia
las afueras del Museo. Entonces,
dando giros en el aire, descendieron
suavemente sobre el jardín.

Allí, entre otras cosas, encontraron
una sala de espera a la que nadie
parecía llegar.

—¡Margarita, Javier! —los
llamaron desde la distancia.

27

—¡Queremos ver si una adivinanza pueden resolver! —les dijo un pez Koi.

—¡Para el nombre de LA GRAN SORPRESA conocer, las letras de unas palabras tendrán que recomponer! —añadió una libélula.

—Escojan las primeras cinco
letras de **activ**idad, y a pintu**ra**,
cambien el orden de las letras en la
sílaba final. Para culminar, corten
las sílabas de **te**la y quédense
con las dos letras de la primera
—terminó de decir el insecto.

—¡Lo tengo! —exclamaron al
unísono Margarita y Javier.

—¡Llegamos a **activARTE**!
¡Ésta es la GRAN SORPRESA DEL
MUSEO! —dijeron, emocionados.
Allí descubrieron la magia que
produce el jugar y crear con
líneas, colores y formas.

30

En la **Galería activARTE**, Margarita y Javier entendieron que valiéndose de los sentimientos, la mente, los sentidos y la intuición, podemos descubrir al artista que llevamos dentro.

31

Dedicamos este libro a los niños, niñas y a todos los jóvenes de espíritu que deseen explorar la magia de las artes a través de los personajes de Margarita y Javier, mientras conocen la obra de destacados artistas puertorriqueños en el Museo de Arte de Puerto Rico.

La Galería activARTE es un proyecto auspiciado por la Fundación Ángel Ramos, organización comprometida con el apoyo y la difusión de la educación, el arte y la cultura puertorriqueña.

Agradecemos a las siguientes instituciones, coleccionistas y artistas por haber hecho posible la reproducción de las obras que figuran en esta publicación: Ateneo Puertorriqueño, Sociedad Museo de Santos, arquitecto Luis Gutiérrez y Carmen Bermúdez, Rafael Trelles y Dhara Rivera.

Directora Ejecutiva MAPR: Lourdes E. Ramos
Comité editorial: Doreen M. Colón Camacho, Annette López de Méndez, Josarie Molina, Edward Maldonado y Reynaldo J. Alfonso
Texto: María del Rocío Costa
Diseño e ilustraciones: Walter Torres
Maquetación: Rubén Ramírez
Impreso por Quebecor World Bogotá S.A.
Copyright © diseño e ilustraciones Walter Torres
Copyright © texto María del Rocío Costa
Copyright © 2006 Museo de Arte de Puerto Rico, Inc. / Ediciones Norte, Inc.

Primera edición, 2006.
ISBN-10: 1-931928-85-1
ISBN-13: 978-1-931928-85-4

Ediciones Norte, Inc.
PO Box 29461
San Juan, PR 00929-0461
T (787) 701-0909 • F (787) 701-0922
www.edicionesnorte.com

Museo de Arte de Puerto Rico
PO Box 41209
San Juan, PR 00940-1209
T (787) 977-6277 • F (787) 977-4446
www.mapr.org

José Campeche y Jordán
Las hijas del gobernador
Don Ramón de Castro, 1797
Óleo/lienzo, 45" x 32"
Colección Museo de Arte de Puerto Rico

Olga Albizu
900-50-80, 1978
Óleo/lienzo, 58" x 66"
Colección Museo de Arte de Puerto Rico

Cachetones de Lares
Tres Reyes Magos, finales s. XIX-XX
Madera policromada, 12 ½" x 14" x 10 ½"
Colección Sociedad Museo de Santos Inc.

Rafael Trelles
Éxodo II, 2000
Óleo/lino, 48" x 72"
Colección Museo de Arte de Puerto Rico,
donado por IPR Pharmaceuticals, Inc.

Francisco Oller y Cestero
*La escuela del maestro Rafael
Cordero*, 1891
Óleo/lienzo, 39 ½" x 63 ½"
Colección Ateneo Puertorriqueño

Dhara Rivera
Conflicting Evidence (La sala de espera),
2000
Concreto y resina, diámetro 228"
Colección Museo de Arte de Puerto Rico

Lorenzo Homar
La guagua del portafolio: *Las Plenas*,
1953-1955
Linóleo, 20" x 15 ½"
Colección arquitecto Luís Gutiérrez
y Carmen Bermúdez

Museo de Arte de Puerto Rico
Abrió sus puertas al público
en julio de 2000.
Colecciona arte puertorriqueño
y exhibe arte local e internacional.